O Golfinho

O Golfinho

A história de um sonhador

Sergio Bambarén

Tradução
Márcia Frazão

Academia

Coordenação editorial: Débora Guterman
Preparação: Roberta O. Stracieri
Revisão: Tulio Kawata
Ilustrações: Oscar Astromujoff
Ilustração de capa: Heinke Both
Capa adaptada a partir do projeto de Lucrecia Demaestri
Diagramação: Renata Milan

Dados Internacionais de Catalogação na Publicação (CIP)
(Câmara Brasileira do Livro, SP, Brasil)

Bambarén, Sergio F.
O golfinho : a história de um sonhador / Sergio F. Bambarén; tradução Márcia Frazão. – São Paulo : Editora Academia de Inteligência, 2008.

Título original: El delfin.
ISBN 978-85-60096-14-5

1. Ficção peruana I. Título.

08-04717 CDD-pe863.4

Índices para catálogo sistemático:

1. Ficção : Literatura peruana pe863.4

2008

Editora Academia de Inteligência
Avenida Francisco Matarazzo, 1500 – 3º andar – conj. 32B
Edifício New York
05001-100 – São Paulo-SP
www.academiadeinteligencia.com.br
www.editoraplaneta.com.br
vendas@editoraplaneta.com.br

Para o sonhador que há dentro de cada um de nós.

Que seus sonhos se realizem, sonhador,
e que sempre lhe tragam
felicidade e sabedoria.

Parte Um

Os primeiros raios de sol da manhã filtravam-se pelas nuvens suavemente, revelando a beleza intocável de uma longínqua ilha de coral incrustada como uma jóia no meio do mar azul.

Uma tempestade tropical acabara de atingir a região, e, ao longe, uma grande ondulação se chocava contra o recife de coral. O plácido oceano tornara-se uma furiosa torrente de ondas e espuma.

De repente, bem na hora em que uma grande onda se aprontava para quebrar, um jovem golfinho emergiu do fundo do mar. Cortando a onda enquanto ela batia no recife de coral, o golfinho projetou uma fina trilha pela parede de água e lutou bravamente para manter o equilíbrio entre a base e a crista da onda, quase sem fôlego...

Pouco a pouco, a crista da onda o envolveu, levando-o para o lugar com que os surfistas tanto sonham: o tubo.

A certa altura, depois de ter furado a onda, o solitário golfinho fez uma curva de rara beleza e saiu dela.

Decidiu que seria a última onda que pegaria naquela manhã e, em seguida, nadou em direção à lagoa da ilha; exausto, mas feliz.

Daniel Alexandre Golfinho e as ondas eram inseparáveis. Assistindo ao nascer do sol a cada manhã e o poente ao entardecer, e durante as infindáveis sessões de surfe em que perdia a noção do tempo, ele sabia que nada era mais importante em sua vida do que os momentos que passava sobre as ondas.

Na verdade, mais que qualquer outra coisa, Daniel Golfinho amava surfar. Estava em seu sangue, em sua alma, e o fazia sentir-se livre. Graças ao surfe, ele estabelecia uma comunicação única com o mar e se dava conta de que o oceano não era simplesmente uma massa de água salgada, mas algo vivo, repleto de beleza e sabedoria.

Daniel Golfinho era um sonhador. Convencido de que a vida não se resumia a pescar e dormir, passou a dedicar toda a sua energia à descoberta do verdadeiro propósito de sua existência por meio do surfe e da sabedoria do mar. Este era seu sonho.

Desde o começo, essa maneira de pensar e ver a vida sempre lhe causou problemas com seu bando. Muitos dos seus amigos não conseguiam entender o que ele almejava. Toda manhã, enquanto se preparavam para pescar, os outros golfinhos viam Daniel saindo em direção ao recife, pronto para mais uma sessão de surfe. Como é que ele podia desperdiçar tanto tempo com uma coisa que não o faria achar a comida de que necessitava? Era uma loucura.

Uma tarde, quando Daniel voltava do recife, Miguel Benjamin Golfinho, seu melhor amigo, perguntou-lhe:

"O que você acha que está fazendo, Daniel? Por que arrisca sua vida no recife? Quer provar o quê?"

"Não quero provar nada. Só quero saber o que posso aprender com o mar e o surfe. Só isso."

"Pelo amor de Deus, Daniel, vários golfinhos que gostam de você estão achando que mais cedo ou mais tarde vai acabar morrendo. Quando a gente era filhote, até que era divertido pegar umas ondinhas, mas agora você já está forçando a barra. Por que não aproveita o tempo para pescar um pouco mais em vez de desperdiçá-lo surfando no recife?"

Daniel Golfinho encarou o velho amigo e disse, após um breve silêncio:

"Miguel, olhe ao seu redor. O mundo está repleto de golfinhos que pescam dia após dia, de sol a sol. Nunca param de pescar. Eles não têm mais tempo para ir atrás de seus sonhos. Em vez de pescar para viver, eles agora vivem para pescar."

Após uma pausa, Daniel prosseguiu, recordando o passado com nostalgia:

"Ainda me lembro do Miguel Golfinho jovem e forte que passava horas e horas olhando as ondas, sonhando com o dia em que estaria no topo de uma onda gigantesca. Agora, só consigo ver um golfinho assustado que está sempre pescando, com medo de viver os seus próprios sonhos."

Continuou olhando fixamente para o amigo e concluiu:

"Por acaso há algo mais importante na vida que lutar por seus sonhos, sejam eles quais forem? Encontre tempo em sua vida para sonhar, Miguel. Nunca deixe que seus medos atrapalhem seus sonhos."

Miguel ficou confuso. Sabia que o que acabara de ouvir era verdade; mas a idéia de uma vida feita de sonhos já estava muito distante. Ele não era mais um filhote, e seus sonhos tinham sido substituídos por deveres e obrigações. Não era por esse motivo que ele pescava? Além do mais, o que os outros golfinhos pensariam se o vissem surfando?

Lembrou-se do tempo em que era surfista como algo que fazia parte de sua juventude, de seu passado. Ainda pensava no surfe; mas, depois de um dia inteiro de pescaria, ficava tão cansado que sempre arrumava um pretexto para não surfar.

Miguel olhou para o amigo e replicou, tentando ser convincente:

"Um dia você vai amadurecer, Daniel, e verá as coisas como o resto do bando. Não tem outro jeito." Calou-se e foi embora.

Daniel ficou muito triste. Embora Miguel tivesse mudado bastante desde a época em que os dois passavam grande parte do tempo surfando e descobrindo novos lugares secretos, ele ainda gostava do amigo como antes. Sabia que aquela alegria que haviam compartilhado ainda estava em seu coração. Só que, por alguma razão, Miguel não sonhava mais. Daniel sofria por seu amigo, mas sentia que não havia mais nada a fazer para ajudá-lo.

Sabia que podia ser mal interpretado se revelasse aos outros o seu sentimento, se tentasse compartilhar com eles a liberdade que sentia quando surfava.

Mas Daniel Golfinho também sabia que fora enfeitiçado para sempre pela magia descoberta quando surfava, sozinho na vastidão do seu amado oceano.

Preferia viver de acordo com seus princípios, e não se arrependia, embora às vezes se sentisse solitário.

À medida que os dias passavam, Daniel aprendia com mais rapidez. Surfava o dia inteiro no recife de coral e, às vezes, até esquecia de se alimentar; estava feliz com a vida que escolhera, mas morria de vontade de compartilhar com o grupo a felicidade que sentia.

"Se ao menos eu encontrasse um jeito de mostrar a eles a liberdade que sinto quando estou surfando", pensava, "talvez todos percebessem o quanto é importante perseguir seus sonhos."

E continuava:

"Mas não tenho o direito de interferir na vida de ninguém. Quem sou eu para dizer a eles o que é certo ou errado?"

Então, Daniel tomou uma decisão:

"É isso. De agora em diante, tentarei ser o melhor que puder. Ainda existem muitas coisas a respeito do surfe para serem descobertas, e não quero mais aborrecer ninguém."

Sentiu-se bem por tomar essa decisão. Ele continuaria perseguindo seus sonhos, para o bem ou para o mal.

Daniel estava voltando para a lagoa quando, de repente, ouviu uma voz.

Mal conseguia entender o que estava sendo dito, mas sabia que as palavras eram dirigidas a ele.

Quem poderia ser?

Atordoado, perdeu o equilíbrio e quase foi parar na praia. Quem o chamava? A voz era familiar, parecia ser de alguém que ele conhecia desde menino. Olhou em volta, mas viu-se completamente sozinho.

Começou a sentir medo. Será que a solidão, o preço que pagava por viver seus sonhos, estaria fazendo mal? Será que tinha enlouquecido?

E então, ouviu mais uma vez a voz:

Chega uma hora na vida
em que não há mais nada a fazer,
senão seguir seu próprio caminho.
Uma hora de perseguir seus sonhos.
Uma hora de içar as velas de
suas próprias convicções.

Daniel se sentiu desconfortável. Alguém estava filtrando seus pensamentos e entrando em sua alma, descobrindo seus segredos mais profundos.

"Quem é você?", ele perguntou.

"Sou a voz do mar."

"A voz do mar?"

"Sim, Daniel. Você conseguiu uma coisa que os outros golfinhos nem imaginam. Todo o seu trabalho duro no surfe, todo o tempo que passou praticando sozinho, perseguindo seu sonho, finalmente deu resultado."

Daniel Golfinho ouviu em seguida as palavras que mudariam seu destino para sempre.

"Você teve um bom aprendizado, Daniel, e agora vai começar um novo ciclo em sua vida. Nele encontrará as respostas para o seu sonho."

A voz era clara e forte. O medo inicial de Daniel tinha desaparecido e, mais do que simplesmente ouvir as palavras, ele as entendia.

"Algumas vezes tentei me comunicar com você, Daniel, tentei consolá-lo nas horas de fraqueza. Mas agora não precisa mais sentir medo. Enquanto perseguir seu próprio sonho, estarei aqui para ajudá-lo. Confie em seu instinto, siga os passos da vida que escolheu para viver, e seu sonho será plenamente realizado."

A voz começou a enfraquecer.

"Não, espere, por favor!", implorou Daniel. "Preciso saber de algumas coisas: aonde devo ir, o que tenho de fazer e como posso encontrar o verdadeiro propósito de minha vida."

O mar respondeu com a voz mais gentil que Daniel jamais ouvira:

"Só posso lhe dizer o seguinte, Daniel Alexandre Golfinho: você vai encontrar o verdadeiro propósito de sua vida no dia em que surfar a onda perfeita."

"A onda perfeita? O que quer dizer com isso? Como posso achá-la?"

A voz do mar atingiu o coração de Daniel:

A queda no mais profundo desespero
é uma oportunidade para você encontrar
a sua verdadeira natureza.
Assim como os sonhos ganham vida
quando você menos espera,
da mesma forma surgem as respostas às perguntas
que ainda não foram resolvidas.
Deixe que o seu instinto
trace um rastro de sabedoria
e que a esperança
reduza os seus medos.

"Você tem agido bem, Daniel", disse o mar. "Agora preciso partir."

A voz desapareceu.

Daniel Golfinho levou algum tempo para se dar conta da natureza do presente que acabara de receber.

"O mar me ama como eu o amo", ele pensou, "e compartilhou comigo momentos maravilhosos, justamente como eu sempre achei que os compartilhava com ele. E agora ele também vai revelar a sua sabedoria."

Essa nova maneira de ver as coisas transformaria o resto de sua vida.

Ele não fazia idéia de para onde a revelação o levaria, mas sabia que nunca mais se sentiria sozinho. Não enquanto perseguisse seu sonho...

Naquela tarde, Daniel nadou para de novo encontrar seu bando. Todos os golfinhos estavam reunidos e debocharam dele, como sempre.

"Vejam só", disseram, "o golfinho que não cresceu. Quantos peixes você pescou hoje, Daniel?"

Mas os pensamentos de Daniel estavam a uma eternidade de distância. O mar o iluminara com o entendimento e, mais do que nunca, agora ele sabia que tinha de perseguir seu sonho, o único capaz de revelar o verdadeiro propósito de sua vida.

Alguns meses se passaram desde aquele dia em que Daniel Golfinho ouviu a voz do mar e compreendeu que os sonhos existem para ser realizados.

Sua relação com o mar se fortalecera, e o estilo do surfe que praticava progredia de maneira significativa.

Daniel descobriu que cada onda que pegava, grande ou pequena, possuía a sua própria essência, um propósito particular. Com as ondas de menos de um metro de altura em dia de mar tranqüilo ou com as de três metros no auge de uma tempestade, ele mantinha a mesma atitude em relação ao aprendizado que extraía de cada manobra. E, quando falhava, não ficava desapontado; ao contrário, esforçava-se para identificar e corrigir os erros e dava o melhor de si na onda seguinte.

Certo dia, no meio de uma ondulação clássica de quase dois metros com ventos favoráveis, depois de ter perdido uma onda com uma manobra infeliz, ele aprendeu uma outra lição com o mar:

*Muitos de nós não estamos preparados
para superar nossos fracassos, e,
por isso, não somos capazes
de cumprir nosso destino.
É fácil insistir em algo
que não traz riscos.*

Daniel pôs em prática aquilo que o mar lhe ensinara; seu surfe progrediu e a cada dia aprendia uma nova lição.

Daniel Golfinho utilizava essa mesma sabedoria para enfrentar as dificuldades da vida e descobriu que, dessa maneira, as coisas se resolviam com maior facilidade.

No fundo do coração, ele sabia que tudo que compartilhava com o mar o levava a atingir algo mais importante, espiritualmente bem mais elevado que qualquer outra coisa que já vira ou vivenciara antes. Estava à procura da onda perfeita, uma onda que surgiria para revelar o verdadeiro propósito de sua vida.

Nos dias que se seguiram, Daniel procurou compreender para onde o sonho o levava. Toda vez que dominava uma nova técnica que lhe dava maior liberdade de movimento, além de se dedicar ainda mais a surfar bem, ele também ouvia seu coração. Treinava duro e prestava atenção em cada detalhe.

Daniel começou a se aventurar para além das fronteiras do recife, uma região fora da ilha, para onde nenhum golfinho se aventurava a ir, um lugar proibido pela Lei do bando. E, justamente quando o desespero quase o fazia desistir, ele se lembrou das palavras do mar...

Chega uma hora na vida
em que não há mais nada a fazer,
senão seguir seu próprio caminho...

Lembrou-se de quando o mar lhe fez essa revelação. Agora, no entanto, a compreensão iluminava o coração de Daniel e ele finalmente entendeu aquilo que o mar tentava lhe ensinar.

Entendeu o porquê de todo o seu esforço, das muitas horas que empreendeu aprimorando sua técnica: isso o deixou revigorado e mais seguro.

Daniel Golfinho precisava dar um grande salto rumo ao desconhecido, afastar-se da segurança do seu recife e seguir para algum lugar no mundo onde as regras que governavam seu grupo não tivessem significado e valor. Para encontrar o verdadeiro propósito de sua vida, ele deveria deixar de lado todas as limitações.

"Agora eu entendo!", disse com voz triunfante. "A onda perfeita não virá me procurar. Eu é que preciso encontrá-la!"

Esta nova revelação trouxe antigas lembranças para Daniel. Lembranças do tempo em que ainda era filhote e ouvia o que o golfinho ancião falava a respeito de ultrapassar o recife. Com voz formal e cerimoniosa, o ancião dizia:

"Não deveis abandonar o recife do nosso mundo. Ele está ali desde o início dos tempos e sempre nos protegeu do perigo que existe além de suas fronteiras. Temos de honrar a decisão divina e aceitar a Lei."

"Que engraçado", pensou Daniel. Ele aprendera a respeitar o golfinho ancião e suas crenças, mas, ao mesmo tempo, levava uma vida baseada nos próprios princípios e nas lições que aprendia no mar. Será que o golfinho ancião o respeitaria se ele tomasse uma decisão que abalasse o sistema que regia a existência do bando? Daniel concluiu que não.

Então, naquela noite, ele resolveu não contar para ninguém o que estava decidido a fazer nem para onde ia. Deixaria o bando secreta e silenciosamente, tal como fazia quando saía para surfar. Só que desta vez não retornaria. Os outros que pensassem que ele tinha se afogado, como haviam previsto. E pago com a própria vida por não seguir o conselho de todos. Claro que as conversas girariam em torno das conseqüências sofridas por quem não segue a Lei e quebra as regras.

Daniel Golfinho nunca se esqueceria do dia em que deixou o seu amado recife. Já preparado para a partida, ele estava certo de que tinha cuidado de cada detalhe. Uma única tristeza lhe afligia o coração: ele ponderava que, entre aqueles estranhos que faziam parte do bando, talvez houvesse algum golfinho que ficaria triste com sua suposta morte, acreditando de verdade que talvez, e só talvez, o maluco do Daniel estivesse certo. Isso o fez pensar em adiar um pouco sua partida, porque podia haver alguém que, como ele, estivesse disposto a encontrar um sentido mais elevado para a vida.

Talvez parte do amor consista
em saber quando renunciar ao outro,
em saber dizer adeus,
não deixando que nossos sentimentos
interfiram no que, provavelmente,
no fim,
será melhor para aqueles
a quem amamos.

Assim, ao anoitecer, Daniel começou a nadar para o outro lado do recife, sem nenhuma testemunha senão a lua cheia no céu, com a plenitude de um sonho como seu único destino. Estava um pouco assustado, mas a certeza de que mantinha o medo sob controle era um sentimento bonito demais.

"A noite está linda", ele pensou. "O que pode dar errado?"

Sentia-se bem consigo mesmo porque, a despeito do que pudesse acontecer, era dono do seu próprio destino.

Naquela noite, Daniel teve de lutar não só contra as ondas e as correntezas, mas também contra suas próprias incertezas.

"O trabalho pesado começa agora", matutou. E se deu conta de que todas as sessões solitárias de surfe e sua preparação mental e física não o tinham tornado forte apenas para enfrentar a onda mais temida, mas também o seu próprio destino.

Parte Dois

Na manhã seguinte, Daniel Alexandre Golfinho se viu em meio ao vasto oceano sem saber que caminho tomar... mas se deixava levar.

Estava surpreso com o tamanho do oceano que existia além dos limites de sua pequena ilha. Não avistava nem terra nem recife. Sentiu-se um pouco apreensivo. Depois de ter ido tão longe e se esforçado até o limite, o que viria em seguida? O que tudo aquilo significava?

Apesar disso, estava em paz com a decisão tomada. O medo que sentira enquanto nadava para longe do recife desaparecera; e, agora, na vastidão da solidão, a sua vida tomava o rumo certo, em direção a um lugar que ele sempre soube existir, apesar de nunca o ter visto.

Daniel estava absorto nesses pensamentos quando, subitamente, uma grande massa de água se projetou com uma força incrível e irrompeu à superfície, bem a seu lado. Entre a espuma, viu surgir uma forma gigantesca, dez vezes maior que ele. E se deu conta de que, ao menor contato físico, poderia ser esmagado.

Nunca vira nada como aquilo; mesmo assim, não se sentiu nem ameaçado nem assustado. Na verdade, a sensação era a de um encontro com um velho amigo, inesperado, mas bem-vindo.

"Quem é você?", perguntou Daniel.

"Sou uma baleia jubarte", respondeu o gentil gigante enquanto nadava.

Daniel precisou se apressar para ficar mais perto da baleia.

"O que está fazendo?", ele quis saber.

"Estou migrando. Tenho de chegar a águas mornas antes que venha o inverno." A baleia virou-se para Daniel: "E você, o que faz no meio do oceano?".

"Estou perseguindo um sonho", respondeu Daniel. "Já faz algum tempo que deixei meu bando e minha ilha em busca da onda perfeita, a onda que vai revelar o verdadeiro propósito de minha vida."

"Eu o respeito pela sua decisão", ela disse. "Deve ser difícil abandonar o próprio mundo para seguir um sonho."

A baleia cravou os olhos em Daniel e continuou:

"Seja cuidadoso na sua jornada. Se prestar atenção em cada coisa que fizer ou observar, vai aprender muito. Não se trata apenas de chegar ao seu destino; a jornada por si só pode lhe mostrar o significado da onda perfeita e como encontrá-la."

"Sua sabedoria é grande", disse Daniel. "Sou grato por tê-la compartilhado comigo." Ele estava a ponto de perguntar que direção devia tomar quando uma silhueta sombria surgiu no horizonte. Uma silhueta que parecia estar sentada sobre a água e expelia fumaça e cinzas pelo ar.

"O que é aquilo?", perguntou Daniel.

A baleia começou a tremer. De repente, com expressão de medo, ela se afastou sem dizer nada, nadando em grande velocidade.

"Como é que um gigante tão gentil pode ser tão medroso? O que poderia assustar alguém tão grande?", Daniel pensou. E ficou muito triste e um pouco assustado.

Emparelhou-se com a baleia e perguntou se podia ajudá-la, e o gentil gigante continuou a nadar. Mas deu um aviso antes de partir:

"Cuidado com uma criatura chamada homem."

"O que você quer dizer com isso?", Daniel inquiriu. "Não conheço ninguém com esse nome. Lá na minha ilha, todos nós somos golfinhos, exceto algumas gaivotas amistosas."

"Cuidado com uma criatura chamada homem" – foram as últimas palavras da baleia.

"Será que esse homem é um golfinho mau?", Daniel se perguntou. Sentiu que o mar estava a ponto de falar. Ficou bem quieto e ouviu:

A descoberta de novos mundos vai lhe trazer
não só felicidade e sabedoria,
mas também tristeza e medo.
Como é que você pode valorizar a felicidade
sem conhecer a tristeza?
Como é que pode ser sábio
sem enfrentar seus medos?
No fim das contas,
o grande desafio da vida é superar
os seus próprios limites,
estendendo-os até lugares
aos quais você nunca sonhou chegar.

Seu primeiro encontro com algo desconhecido em sua ilha o fez entender que o mundo não era tão pequeno como haviam dito. Daniel se deu conta de que sua ignorância se devia ao fato de ter acreditado naquilo que os outros diziam sem indagar a origem da informação.

Esta jornada poderia ajudar Daniel Golfinho a expandir seus horizontes, com a descoberta de coisas que o seu bando nunca ousou imaginar que existissem!

Daniel Golfinho continuou a viajar pelo seu amado oceano durante trinta dias e trinta noites. Viajava de sol a sol, sempre confiando em seu instinto e atento aos sinais que poderiam guiá-lo até seu destino, conforme a promessa do mar.

Num determinado momento, avistou mais uma vez a fumaça preta no horizonte. Embora ainda se lembrasse do medo que a baleia havia demonstrado, ele resolveu investigar.

Aproximou-se da silhueta e notou que a água em torno dela era escura e suja. Uma película de óleo aderiu à sua pele. Ele também observou alguns peixes mortos que boiavam pelas imediações. O horror da cena quase o deixou doente. Pela primeira vez não conseguia acreditar no que via; utilizando uma rede, de alguma maneira aquela coisa gigantesca arrastava todos os peixes do mar. Ele reconheceu alguns que o seu bando capturava para alimentar-se e outros que não eram comestíveis!

Estarrecido, Daniel também pôde ver que alguns golfinhos mortos eram jogados de volta ao oceano.

Como isso era possível? Quem era a criatura insensata que se dedicava a tal matança?

E lembrou-se então do encontro que teve com a baleia:

"Cuidado com uma criatura chamada homem."

Será que aquilo fazia parte da maldade que, segundo o golfinho ancião, existia para fora dos limites do recife?

"De agora em diante", pensou Daniel, "vou ser mais cuidadoso."

Na manhã seguinte, Daniel resolveu descansar. Tinha viajado a noite inteira para se afastar o máximo possível daquela silhueta sombria que aniquilava todos os seres do mar que encontrava em seu caminho.

Já se preparava para retornar à sua jornada, quando notou a presença de um peixe estranho que com vigor tirava a cabeça para fora d'água em direção ao sol.

"Quem é você?", perguntou Daniel.

"Chamam-me peixe-sol", respondeu o peixe.

"É um nome engraçado", Daniel pensou. "O que você faz, peixe-sol?"

"Durmo de noite e sigo o sol durante o dia. Todo dia, desde que nasci, tento tocar o sol, mas até hoje não tive sorte. Mas eu sei que um dia vou conseguir.

"É o seu sonho?", Daniel quis saber.

"É, sim", respondeu o peixe-sol. "Sempre imaginei como o sol deve ser quentinho para manter vivo todo este mundo."

"Acho que nunca será capaz de tocá-lo", disse Daniel. "Você nasceu para viver no mar e vai morrer se tentar sair dele."

"Toda manhã", disse o peixe-sol, "o sol nasce no horizonte, indiferente a tudo que faço. Posso sentir seu calor, e esse calor me deixa atento ao meu sonho. O que você faria no meu lugar? Abandonaria o sonho pelo medo de morrer ou tentaria tocar o sol?"

Daniel ficou sem jeito de mentir para aquela magnífica criatura.

"Eu tentaria tocar o sol", ele afirmou.

“Então”, acrescentou o peixe-sol, “vou morrer tentando realizar o meu sonho. Pelo menos é melhor que morrer sem ter tentado.” Olhando fixamente para Daniel, perguntou: ”Você tem um sonho?”.

“Tenho. Encontrar a onda perfeita, a onda que vai revelar o verdadeiro propósito de minha vida quando eu nela surfar”, respondeu Daniel, com um estranho brilho nos olhos.

”Isso é um baita sonho”, disse o peixe-sol. “Acho que posso ajudá-lo. Em minhas viagens pelo mar, aprendi que as grandes ondas sempre vêm do oeste, impulsionadas pelos fortes ventos que sopram nos confins do oceano. É lá que você deve encontrar a onda que procura. É só esperar que o sol esteja quase se pondo e segui-lo em sua jornada pelo mar.”

Daniel agradeceu ao peixe-sol. Estava feliz por ter aprendido tanto em um único dia.

“Todo mundo tem um sonho”, ele pensou. “A única diferença é que alguns persistem na luta para atingir o seu destino sem se importar com os riscos que correm, enquanto outros simplesmente ignoram os próprios sonhos e deixam de conhecer o propósito de suas vidas, com medo de perder o que já conseguiram.”

Daniel acatou o conselho do peixe-sol e viajou para o oeste, sempre em direção ao ponto em que o sol e o horizonte se encontram na escuridão, porque alguma coisa dentro dele dizia que o peixe-sol era um dos sinais que o mar lhe havia aconselhado a seguir.

Daniel Golfinho não tinha dificuldade para viajar depois do pôr-do-sol. Milhares de anos de evolução lhe deram visão noturna. Também era capaz de emitir sons altos e agudos que detectavam objetos diante de si. Dessa forma, decifrava o eco que retornava e produzia imagens das ondas sonoras. Ele conseguia perceber objetos na escuridão da noite e nas profundezas do oceano.

Um dia, em sua viagem para o oeste, viu uma figura na sua frente. Com muito cuidado, aproximou-se da criatura.

"Quem é você?", perguntou.

"Eu sou um tubarão, e você não devia estar falando comigo. Nós comemos golfinhos. Você devia ter medo de mim."

"Não tenho medo daquilo que não conheço", Daniel replicou.

O tubarão hesitou. Jamais golfinho algum o tinha enfrentado.

"Bem, você devia ser cauteloso em mar aberto", disse o tubarão. "Onde está o resto do seu bando?"

"É quase certo que estejam pescando em segurança na lagoa da ilha", respondeu Daniel.

"E o que faz sozinho tão longe do seu bando?"

"Sigo o meu sonho. Estou à procura da onda perfeita."

"E onde vai encontrá-la?", perguntou o tubarão.

"Não sei. Só sei que estou na direção certa." Daniel olhou fixo para o tubarão. "Você também é um sonhador?"

"Já fui", respondeu o tubarão, com voz melancólica. "A vida não foi justa comigo. Toda vez que eu apareço, todas as criaturas fogem com medo de morrer."

"Isso me faz lembrar do meu bando", disse Daniel. "Toda vez que uma tempestade cai sobre a ilha, eles nadam apressados para se abrigar na lagoa. O medo do desconhecido os leva a se comportar assim. Ainda não sabem que as mais belas lições da vida são aprendidas em situações mais difíceis."

"Você não está com medo de mim", afirmou o tubarão.

"Não. Se você quisesse me matar, já teria feito isso. Mas, acima de tudo, não tenho medo porque sigo o meu sonho, porque sei que preciso chegar ao meu destino."

"Eu gostaria de poder sonhar como você", confessou o tubarão.

"Então, comece a sonhar de novo. É só lembrar da sua infância. Lembre-se daquele pensamento especial que roubava o seu sono durante a noite."

"E se eu não me lembrar de como se sonha?", perguntou o tubarão.

"Quando você quer uma coisa do fundo do coração", retrucou Daniel, "não há nada que possa detê-lo, a não ser os seus próprios medos."

"Você está dizendo que posso sonhar outra vez?"

"Como qualquer outra criatura deste mundo", respondeu Daniel.

"Muito obrigado", agradeceu o tubarão. "Voltarei a sonhar." E já estava para partir quando se virou e perguntou: "Você disse que está à procura da onda perfeita?".

"Sim", respondeu Daniel.

"Então acredito que você não tardará a encontrá-la. Venho do oeste e vi que se formava uma ondulação. Talvez a onda que você procura esteja nessa ondulação."

"Siga os sinais", foram as palavras do mar, lembrou-se Daniel.

"Como posso chegar lá?", Daniel quis saber.

"É só continuar na direção oeste e confiar nos seus instintos", disse o tubarão. "Ouça seu coração, porque ele sabe tudo de que você precisa para realizar o seu sonho."

Nunca Daniel sentira tanta saudade do seu surfe como naquele momento. Sentia-se triste no meio de um mundo de estranhos, sem saber se voltaria a ver sua maravilhosa ilha. Acreditara que o mundo é um lugar cheio de belas surpresas, e, embora tivesse passado por algumas experiências assim, também passara por outras muito desagradáveis.

A essa altura, ele sentia vontade de voltar para a sua lagoa.

O mar, no entanto, como havia prometido, estava lá para ajudá-lo:

Talvez seja muito difícil
fazer com que os sonhos virem realidade,
e, se tentarmos tomar atalhos,
perdemos de vista o motivo
pelo qual começamos a sonhar,
e no fim descobrimos que o sonho já não nos pertence.
Se seguirmos apenas a sabedoria do coração, o tempo
se encarregará de que alcancemos nosso destino.
Lembre-se:
quando estiver a ponto de desistir,
quando sentir que a vida
está sendo dura com você,
lembre-se de quem você é.
Lembre-se do seu sonho.

Daniel se sentiu bem por saber que, enquanto trabalhasse para realizar um sonho, nunca estaria sozinho. E, assim, se pôs a nadar, na tentativa de achar um lugar para descansar.

Daniel avistou então um velho golfinho que vinha do oeste. Nadava tranqüilamente na vastidão de um gentil mar azul.

Ao notar a presença de Daniel, o velho golfinho perguntou com doçura:

"Qual é seu nome?"

"Daniel Alexandre Golfinho."

"E o que está fazendo sozinho no meio do oceano, Daniel Golfinho?"

"Perseguindo o meu sonho."

A expressão do velho golfinho mudou rapidamente.

"Você é aquele que está em busca da onda perfeita?", o ancião perguntou com voz forte e serena.

Daniel não conseguiu acreditar no que acabara de ouvir.

"Como soube disso?"

"Da mesma maneira que nós dois sabemos que a vida não se resume a pescar e dormir", respondeu com voz embargada.

"Por que o senhor está chorando?"

O velho golfinho fixou os olhos em Daniel.

"Porque nunca na vida me senti tão feliz. Finalmente, realizei o meu sonho. Depois de todos esses anos."

"O que está querendo dizer?", perguntou Daniel, confuso.

"Já fui jovem e forte como você, Daniel. Há muito tempo, eu era um sonhador como você, com perguntas que tiravam o meu sono."

"E o que houve?"

"Um dia, parei de sonhar. Segui a Lei do bando em vez de seguir o meu coração. E comecei a me sentir velho."

O velho golfinho continuou.

"À medida que envelhecemos, tornamo-nos mais sábios. Um dia, me dei conta de que era hora de perseguir o meu sonho, embora não estivesse seguro de que seria capaz de alcançá-lo. Tinha desperdiçado muito tempo de vida e me sentia cansado; mas também sentia que não podia mais ficar com meu bando e decidi ir atrás de meu sonho de qualquer maneira."

O velho golfinho acrescentou:

"Comecei minha jornada há muitos anos e aprendi que, quanto mais cedo se confia no coração, mais fácil se torna perseguir seu sonho."

O ancião prosseguiu:

"Não faz muito tempo, eu estava viajando pelo oceano e, de repente, meus pensamentos ficaram mais confusos do que nunca, achei que a idéia de perseguir meu sonho com uma idade já avançada tinha sido um erro e que seria melhor ficar com o bando e esperar pela morte." Fixou os olhos no céu. "Já estava quase para voltar quando ouvi uma voz...". Ele voltou-se para Daniel. "Imagino que você também a ouviu."

"Ouvi, sim", disse Daniel, feliz porque, pela primeira vez na vida, podia compartilhar seu segredo com alguém que não debocharia dele. "Era a voz do mar..."

"Isso mesmo!", exclamou o velho golfinho, arrebentando de felicidade. "Ele me disse que é sempre melhor perseguir seus sonhos, pouco importa a idade que se tenha, do que se acomodar." O velho golfinho respirou fundo. "Agora posso ir em paz", completou, com um brilho mágico a rodeá-lo.

"O senhor ainda não falou qual é o seu sonho", disse Daniel.

O velho golfinho olhou nos olhos de Daniel.

"O meu sonho era encontrar um jovem que me fizesse lembrar do meu tempo de sonhador", ele respondeu, "e lhe dizer que não deixasse escapar sua chance na vida, por mais que houvesse dificuldades. E ajudá-lo a realizar seu sonho."

"O que o senhor quer dizer?", perguntou Daniel. "Como pode me ajudar a realizar meu sonho?"

"Estou vindo do oeste, Daniel Golfinho", respondeu, "e vi uma ondulação onde você poderá surfar a onda perfeita, aquela que vai revelar o verdadeiro propósito de sua vida. Em todas as minhas andanças, nunca vi nada parecido com isso que você logo, logo vai experimentar."

Ele se virou e Daniel o observou. Os olhos do velho golfinho brilhavam como as estrelas no céu.

"Não é uma ondulação muito grande", acrescentou, "mas será muito especial para você."

Parte Três

Desde que Daniel deixara a ilha, somente durante o pôr-do-sol do quadragésimo dia é que ele ouviu um som familiar. E começou a ficar excitado. Será que era o que ele estava pensando?

Já fazia um bom tempo que não sentia aquela magia e nadou apressado na direção de onde vinha o som.

Não conseguiu acreditar no que via. A uns duzentos metros de distância encontrava-se a arrebentação do mais incrível recife que já vira, com ondas que formavam paredes perfeitas, uma atrás da outra.

Não foi capaz de calcular o tamanho das ondas, mas sua experiência dizia que se tratava de uma respeitável ondulação. Sem hesitar, nadou em direção à arrebentação e pegou uma onda. Antes do cair da noite, já havia feito diversas manobras. E como isso o fez se sentir vivo outra vez!

Em sua excitação, Daniel não havia reparado no lugar em que havia aportado. O recife era uma extensão de enormes penhascos, uma espécie de ilha com um tamanho que ele jamais vira.

Daniel pôde observar que, à medida que a escuridão cobria o céu, centenas de luzes começavam a iluminar a costa da ilha. Algumas eram estáticas, enquanto outras se moviam em fileiras, ora desaparecendo, ora reaparecendo. Isso o deixou surpreso. Estava acostumado com a escuridão da noite e aprendera a amar a lua e as estrelas que brilhavam no céu. Ficou um pouco aborrecido, porque todos aqueles pontos de luz ofuscavam os astros do céu noturno.

Tinha sido um longo dia; Daniel estava fatigado. Só no dia seguinte é que tentaria descobrir o que eram aquelas luzes. Por ora, o importante era dormir bem e, logo ao amanhecer, ter uma excelente sessão de surfe.

Daniel sorriu.

"O que estou sentindo antes de pegar essa onda amanhã é igual ao que senti quando surfei pela primeira vez, há muito tempo. Já surfei milhares de vezes e provavelmente ainda vou surfar milhares de vezes mais. No entanto, sei que nunca me cansarei disso. Por quê?"

Existem algumas coisas
que não se podem ver com os olhos.
Você tem de vê-las com o coração,
e isso não é tão fácil.
Se, por exemplo,
encontrar o espírito do menino
que há dentro de você,
com suas memórias e seus sonhos,
ambos andarão juntos,
em busca de um caminho
nessa aventura que se chama vida.
E seu coração nunca
se sentirá cansado,
nem velho...

"Se todos pudéssemos sentir-nos assim com o que fazemos, nossas vidas teriam mais sentido", ele pensou.

Naquela noite, Daniel foi dormir como dormem todos os sonhadores, olhando excitado para o futuro, com o coração transbordando de alegria.

Ele sabia que o dia seguinte seria maravilhoso para o surfe, e isso bastava.

Logo caiu no sono.

Acordou com os primeiros raios de sol.

À primeira vista, o lugar que descobrira na noite anterior parecia muito diferente daquele à sua frente. Embora as luzes não estivessem presentes, grandes construções apresentavam-se à beira dos penhascos. Ele podia captar o movimento e imaginou que alguma espécie de ser vivo tinha construído aquilo tudo.

Será que devia investigar o que estava acontecendo?

Definitivamente, não, ele decidiu. Viera de muito longe com um propósito. Queria descobrir o verdadeiro propósito de sua vida ao deslizar sobre a onda perfeita. Esse era seu sonho. E, como havia planejado na noite anterior, se dirigiu ao recife para a primeira sessão de surfe naquele lugar mágico.

Talvez a ondulação já tivesse atingido o seu auge na noite anterior, mas ainda havia muitas ondas para pegar. O vento estava favorável; a água, morna; e o tempo, bom. Com ondulações de quase dois metros, as condições eram perfeitas.

Daniel pegou a primeira onda e observou que ela se erguia muito alto antes de quebrar na arrebentação. Teria de tomar muito cuidado para não ir de encontro ao recife pontudo e afiado. Teria de pegar a onda seguinte com muita rapidez e deslizar na lateral. A primeira etapa foi muito rápida, e ele teve de nadar duro para acompanhá-la. Depois, a onda tornou-se uma parede sólida e lenta, propícia para manobras radicais. No fim, a última etapa do tubo estreitou-se e envolveu-o, fazendo com que ele se sentisse parte do mar...

Foi uma experiência mágica, que o fez perder a noção do tempo. Apenas nadou de regresso ao ponto de entrada e continuou pegando uma onda atrás da outra até ficar completamente exausto.

Fazia muito tempo que Daniel Golfinho não se sentia tão feliz. Por fim, achara a recompensa por seu esforço; e, agora, mais do que nunca, sabia que agira corretamente ao deixar o bando e a ilha para ampliar seus horizontes.

As decisões que tomamos
são o que nos define.
É a forma de dar significado
às palavras, aos sonhos.
É a forma de nos permitirmos ser
o que queremos ser.

As horas passaram voando, e Daniel nem se deu conta do tempo que passou surfando; começou a se sentir cansado e resolveu pegar uma última onda antes de descansar.

Lançou-se em sua última onda. Porém, antes de completar a manobra, perdeu a concentração e precipitou-se na parede da onda. Ele sabia o que estava por vir.

A crista da onda o pegou e o jogou contra o fundo de pedra. Ele sentia a cauda e as nadadeiras sendo comprimidos enquanto seu corpo batia ao longo das pedras. Por fim, a onda o soltou e por sorte ele não se feriu.

Mas o que o fizera perder a concentração?

Será que tinha visto o que achou que tinha visto?

Era impossível, mas olhou outra vez.

E não pôde acreditar. A uns cinqüenta metros de distância, na mesma arrebentação, Daniel

Alexandre Golfinho avistou uma estranha criatura, que pegava ondas como ele.

O estranho surfista pegou uma onda e realizou as mesmas manobras que Daniel desenvolvia em seu recife. Era um ser diferente, mas a beleza do surfe era a mesma...

Depois, ele notou outra coisa. Não era somente uma criatura; eram duas; teve a impressão de que estavam juntas para compartilhar esse momento de felicidade no mar e, pelo estilo do surfe, talvez já fizessem isso há muito tempo.

De fato, aquelas criaturas sabiam mesmo surfar. Pegaram uma onda e realizaram uma série de manobras radicais que teriam inspirado qualquer um. Elas dominavam a coisa.

Então, Daniel decidiu testá-las. Tão logo o próximo grupo de ondas se aproximou, ele pegou a primeira, deslizou na vertical e fez uma virada radical. Imediatamente, o outro surfista nadou, pegou a onda seguinte e deslizou livremente com ela. Daniel realizou suas melhores manobras antes de sair da onda. E o estranho surfista se igualava a ele em habilidades.

Nada mais havia a fazer senão perguntar:

"Quem é você, de onde vem?"

Daniel não obteve resposta, mas os dois surfistas começaram a falar entre si.

"Você viu o golfinho?"

"Claro que vi. Eu podia jurar que ele tentava fazer as mesmas manobras que a gente fazia."

"Impossível. Como é que um golfinho aprenderia a fazer isso?"

Daniel sentiu-se ofendido.

"Quem eles pensam que são? Deviam saber que posso fazer melhor que isso."

Depois, Daniel Golfinho observou duas coisas. Aquelas estranhas criaturas não conheciam a linguagem sonar utilizada pelos golfinhos. Enquanto ele entendia o que era falado pelos dois surfistas, eles não conseguiam decifrar os sinais em eco que lhes eram enviados.

Daniel também reparou que, embora houvesse uma certa surpresa no olhar de ambos, nenhum dos dois estava com medo dele; na verdade, ele se sentia bem-vindo.

Então, as criaturas retomaram a conversa e Daniel se pôs a ouvir:

"Esse golfinho deve surfar há muito tempo."

"Cara, se o homem respirasse como ele respira, podíamos surfar por muito mais tempo."

"Cuidado com uma criatura chamada homem", lembrou-se Daniel.

Entrou em pânico. Eram as tais criaturas das quais tinha ouvido falar, provavelmente responsáveis por toda a destruição que viu em sua viagem. Ele identificou as luzes nos penhascos como as mesmas luzes que iluminavam a silhueta sombria que parecia estar sentada sobre a água, matando golfinhos e devastando o mar.

"Será o fim da jornada?", pensou. "Será que vou morrer?"

E então, o mar anunciou:

No lugar a que chegou
não há trilhas nem caminhos,
somente o seu próprio instinto.
Você seguiu os sinais
e finalmente chegou.
E, agora,
deve dar o grande salto
para o desconhecido
e descobrir sozinho:
quem está errado.
Quem está certo.
Quem é você.

Alguma coisa dentro de Daniel dizia que, embora tivesse presenciado a maldade da criatura chamada homem, ele podia confiar naqueles dois; não pelo que representavam, mas porque pôde observar que, para eles, o surfe também era uma maneira de abandonar o mundo para perseguir seus sonhos.

Acreditando em si mesmo, Daniel Golfinho conseguira chegar longe. Precisava então confiar outra vez em seu instinto. E, assim, ele ficou um pouco mais, pressentindo que alguma coisa especial estava por vir...

A onda mais perfeita que já vira despontou no horizonte. Curvou-se na direção do recife e o envolveu ao mesmo tempo que tocava o fundo de coral, projetando uma longa parede oca de água.

Daniel Golfinho sabia que era a onda com que tanto sonhara. Nadou para se posicionar sobre ela. Os outros surfistas também viram a onda e se esforçaram muito para se posicionar.

Todos entraram na onda. A um mergulho vertical seguiu-se uma virada radical. Daniel fez uma manobra e projetou o corpo na direção da crista da onda. Os outros surfistas o acompanharam com manobras radicais no meio da espuma. Eles se esforçavam até o limite, realizando manobras que nunca imaginaram poder realizar. E, então, à medida que a onda perfeita iniciava rapidamente a descida, sua extremidade começava a quebrar, deixando espaço suficiente para que os surfistas transformassem os sonhos em realidade.

Posicionaram-se e lutaram bravamente para manter uma linha entre a base e a crista da onda, segurando o fôlego...

Lentamente, a crista da onda os envolveu, cada vez mais fundo, levando-os para o lugar com que os surfistas tanto sonham: o tubo.

Por um breve mas mágico momento, prevaleceu a linguagem universal dos sonhos. E, desta vez, não só Daniel Alexandre Golfinho mas também os outros dois surfistas entenderam o significado daquilo que faziam, sem que importasse o caminho que os havia unido em tão mágica experiência.

E o mar se comunicou com eles:

Algumas coisas serão sempre mais fortes
que o tempo e a distância.
Mais profundas
que as linguagens
e os costumes.
Como perseguir os sonhos,
e aprender a ser o que você é.
E compartilhar com os outros
a magia que você descobriu...

Daniel Alexandre Golfinho tinha acreditado em si mesmo e seguido os sinais em sua jornada. Finalmente, havia surfado na onda perfeita e, ao fazê-lo, acabou descobrindo o verdadeiro propósito de sua vida: viver uma vida feliz e plena de sentido, sempre perseguindo seus sonhos. Ele havia cruzado a linha onde os sonhos se tornam realidade, uma linha que somente aqueles que escutam o coração podem ver; e, com essa nova luz, Daniel Golfinho viu o significado de sua existência; e, mais do que simplesmente gostar, ele amou o que viu...

Daniel passou os dias que se seguiram no recife com os outros dois surfistas. Surfavam pelo prazer de surfar, aprendendo uns com os outros e compartilhando sua felicidade e seus conhecimentos.

Até que um dia ele sentiu que era hora de voltar. Já podia retornar para a sua amada ilha, para o lugar ao qual pertencia. Acabara de descobrir o que queria, e sua busca terminara. Estava na hora de compartilhar com o bando a verdade que encontrara.

Mas o que pensariam os outros golfinhos quando o vissem retornar de sua suposta morte? Provavelmente achariam que ele era uma espécie de fantasma, um ser que havia retornado do mundo dos mortos.

Para Daniel Alexandre Golfinho, um sonhador, isso não seria nada mais que uma anedota engraçada. Ele sabia que não passava de um golfinho como qualquer outro, mas com uma grande diferença: optara por acreditar em si mesmo e perseguir o seu sonho.

Naquela tarde, antes de dizer adeus ao recife, Daniel desfrutou a mais mágica sessão de surfe que poderia imaginar. Surfou nas mesmas ondas com criaturas totalmente diferentes dele, mas que compartilhavam a mesma felicidade, as mesmas convicções; sabendo que, apesar de todas as dificuldades, haviam feito o certo ao seguir seu sonho.

Daniel trocou um último olhar com seus amigos surfistas, e viu a imagem de sua alma refletida nos olhos deles, e amou o que viu.

Ele descobrira o verdadeiro propósito de sua vida ao seguir suas próprias regras, as mesmas regras que o bando disse centenas de vezes que não funcionavam.

Finalmente, descobria que, agora, todas as suas realizações, todas as suas aspirações e todos os seus sonhos faziam parte de sua própria essência, e se sentiu muito bem...

Daniel Golfinho nunca se esqueceria do dia em que entrou na lagoa de sua amada ilha.

Era uma manhã de um dia quente e ensolarado, e ele retornava emocionado ao seu querido lar.

Os primeiros golfinhos que o viram quase desmaiaram de susto.

De repente, a rotina diária do bando começou a se quebrar.

Aquele era o Daniel que se perdera para além do recife? Ele não estava morto?

Antes que pudessem reagir, Daniel falou:

"Eu estava com saudade de vocês, meus amigos..."

"Mas você estava morto", disse um dos golfinhos.

"Não estava, não. Estava morto aos olhos de vocês. Ultrapassei a linha estabelecida pela vossa cegueira e isso me deixou morto em nome da vossa Lei."

Miguel, seu velho amigo, tomou a palavra:

"Nós achamos que você estava morto, Daniel. Nenhum golfinho que ultrapassou os limites do recife retornou."

"O que você quer dizer com nenhum, Miguel? Você não está me vendo? Viajei para bem longe do recife e retornei. Você disse que isso não podia ser feito e eu fiz."

"Talvez porque você seja especial. Se algum de nós tentasse fazer o mesmo, com certeza não teria sucesso."

Daniel Golfinho compreendeu que, para convencê-los de que seriam capazes de fazer o que ele fizera, teria de demonstrar que sonhar é algo que todos experimentam em alguma fase da vida, algo que eles haviam enterrado no fundo do coração.

"O golfinho que não persegue seus sonhos não seria um prisioneiro de seus próprios medos?", perguntou Daniel.

Um murmurinho espalhou-se pelo bando. A atmosfera mudava e a surpresa inicial desaparecia.

"Mas a vida é suficientemente complicada do jeito que é", retrucou um deles.

"E quem foi que disse que viemos a este mundo para sofrer? Viemos para sonhar e nunca sentir medo."

Naquela manhã, Daniel narrou para o bando suas aventuras fora das fronteiras do recife. Disse que havia aprendido a seguir os sinais simplesmente ouvindo seu coração, e que conhecera uma criatura chamada homem que mostrou que o bem e o mal estão dentro de todos nós. Mas, acima de tudo, falou a respeito do seu sonho de encontrar um propósito mais elevado para a vida e que isso se tornara realidade. Depois, explicou que também era um golfinho com os mesmos medos e esperanças que qualquer outro, mas com uma diferença: ele não tinha desistido do sonho.

Um dos golfinhos se pronunciou:

"Você sabe muito bem que precisamos pescar para sobreviver."

"Todos precisam sobreviver", Daniel replicou, "e não há nada de errado nisso. Desde que a gente não esqueça que a razão da pesca é nos fazer viver plenamente a vida e realizar nossos sonhos."

"Você quer dizer que todos podem ser felizes como você?"

"O que estou dizendo é que, se vocês quiserem, podem ser felizes. Se voltarem a sonhar, vão acabar lembrando de quem realmente são. Nunca é tarde para recomeçar."

"Então, ensine-nos a sonhar."

Daniel começou a falar pausadamente:

"O segredo mais importante de uma existência valiosa e feliz é aprender a distinguir os tesouros verdadeiros dos falsos. O mar que nos abraça, o sol que nos dá vida e a lua e as estrelas que brilham no céu é que são os verdadeiros tesouros", Daniel continuou falando. "São tesouros eternos que nos são dados para que a gente se lembre de que a magia está em volta de todos nós; para que a gente se lembre de que nosso mundo está cheio de milagres, um mundo que é para ser admirado e que ajuda nossos sonhos a se tornarem realidade."

Disse ainda:

"Mas, ao contrário, construímos nosso mundo com falsos tesouros. Desistimos dos nossos sonhos, aceitando a alegação de que a vida é feita para que se pesque o máximo possível."

Daniel mostrou-se triste.

"Exatamente aí é que vocês deixaram de sonhar. Negaram todos os verdadeiros tesouros da vida, da mesma forma que me negaram no dia em que parti para longe do recife. Vocês deixaram o sonho acabar e, com ele, todas as suas ilusões e suas esperanças. Esqueceram-se de como é sonhar, e só isso pode nos ligar ao nosso verdadeiro eu. E isso se perdeu.

"Vocês já viram um golfinho filhote olhando o sol, a lua e as estrelas? Para ele, tudo isso é mágico. Sabem por quê? Porque é assim que sente. Os filhotes vivem sonhando, e por isso são capazes de ver o que é mágico, o que vocês já não conseguem ver.

"Isso é o que vocês precisam fazer: sonhar..."

Naquela noite, o bando finalmente se lembrou de como sonhar. E, quando voltaram a fazê-lo, se maravilharam com o mundo ao redor, o mesmo mundo que sempre estivera ali presente. Assim, no grupo encontrou outra vez uma base sobre a qual poderia construir uma existência de realizações e felicidade.

Na manhã seguinte, alguma coisa tinha mudado naquela ilha.

Parecia um dia normal na vida do bando, mas ocorrera uma revolução no coração de cada um. Seus olhos brilhavam como estrelas e a vida se mostrava mais feliz.

Começava uma nova era de esperança.

Naquela tarde, o recife estava cheio de iniciantes que experimentavam o surfe; e os que não surfavam, admiravam o maravilhoso pôr-do-sol.

Finalmente, tinham encontrado um tempo para viver.

Todos se lembraram de como era sonhar.

Daniel Alexandre Golfinho viveu uma vida longa e feliz. Manteve-se viajando, descobrindo novos mundos, surfando em novos recifes, apaixonando-se a cada pôr-do-sol, vivendo a vida intensamente, e sempre a sonhar...

Até que um dia ele desapareceu na vastidão do seu amado mar.

Os rumores diziam que tinha sido engolido por uma onda gigantesca. Ele nunca retornou.

Mas, nessa ocasião, os mesmos golfinhos que anos atrás o haviam criticado por violar a Lei do grupo aceitaram o destino dele. A semente do sonho fora plantada em suas almas, e eles sabiam que um dia também encontrariam uma forma de tornar seus sonhos realidade.

Exatamente como Daniel, eles sabiam que sua jornada rumo à terra dos sonhos havia começado.

Epílogo

Miguel Benjamin Golfinho decidiu pegar uma última onda antes de voltar para a lagoa. Saiu atrás da primeira onda de uma série que se formava. Subiu com ela e atravessou o seu estágio crítico. A onda descia com lentidão, e ele não teve outra opção senão dar um giro e esperar que uma nova onda se desenvolvesse à sua frente.

Parou de movimentar a nadadeira e esperou que a crista da onda começasse a cobri-lo. Gentilmente, ela o embrulhou e, num piscar de olhos, ele desapareceu na parede. Por fim, ele acelerou e surgiu na borda da onda para depois sair dela.

Fora um ótimo dia de surfe, e ele sentia que havia melhorado muito depois que decidiu reservar um tempo para fazer as coisas que amava e sonhava. Começou a nadar até a praia, mas resolveu dar uma parada a fim de assistir ao lindo pôr-do-sol.

Seus pensamentos voltaram-se para o passado.

Lembrou-se dos momentos que havia compartilhado com Daniel muito tempo atrás e de como passava horas a olhar as ondas, imaginando-se no topo de uma daquelas gigantescas paredes de água, sempre a sonhar.

Finalmente tinha redescoberto quem era o verdadeiro Miguel Golfinho que havia dentro dele. E se sentiu bem.

"No mundo dos sonhos", Daniel dissera um dia, "tudo é possível. Nunca se esqueça de que só se vive uma vez."

Miguel olhou fixamente para o horizonte, lembrando-se do amigo.

"Um dia ainda vou te encontrar, Daniel", pensou, "e vou te ensinar umas coisinhas a mais sobre o surfe!"

Pôs-se a nadar de volta à praia; a lua estava alta no céu e as estrelas brilhavam como nunca.

E lá, na vastidão do oceano, Miguel Benjamin Golfinho ouviu pela primeira vez a voz do mar:

Chega uma hora na vida
em que não há mais nada a fazer,
senão seguir seu próprio caminho...

Este livro foi composto em Palatino
para a Editora Planeta do Brasil
em julho de 2008.